LA VENITIENNE,
BALLET,
REPRE'SENTE' POUR LA PRE'MIERE FOIS
PAR L'ACADEMIE ROYALE
DE MUSIQUE,

Le Mardy vingt-fixiéme jour du mois de May 1705.

A PARIS,
Chez CHRISTOPHE BALLARD, feul Imprimeur du Roy
pour la Mufique, ruë S. Jean de Beauvais, au Mont-Parnaffe.

M. DCC. V.
Avec Privilege de Sa Majefté.
LE PRIX EST DE TRENTE SOLS.

PERSONNAGES
DU PROLOGUE.

MOMUS,   Monsieur Hardoüin.
EUTERPE, *Muse de la Musique*, Melle Dupeyré.
Un *Plaisir*,   Monsieur Boutelou.

Suite de MOMUS.

Suite d'EUTERPE.

Troupe de Comediens Italiens.

Noms des Actrices & des Acteurs chantants dans tous les Chœurs du Prologue, & de la Comedie-Ballet.

MESDEMOISELLES.

Cénet.	Basset.	Dujardin.	Cochereau.
Dupeyré.	Vincent.	Poussin.	Basset-Cadet.
Duval.	Loignon.	Daubigny.	Aubert.

MESSIEURS.

Prunier.	La Coste.	Desvoys.	Lebel.
Courteil.	Cadot.	Mantienne.	Le Sage.
Solé.	Jolain.	Alexandre-L.	Boutelou-fils.
Renard.	Bertrand.	Alexandre-C.	Perere.
Fournier.			

A ij

DIVERTISSEMENT du Prologue.

LES COMEDIENS ITALIENS.

ARLEQUIN,	Monsieur Dumoulin-C.
PANTALON,	Monsieur Blondy.
LE DOCTEUR,	Monsieur Ferand.
SPESAFFERE,	Monsieur Dumirail.
SCARAMOUCHE,	Monsieur Javilier.
POLICHINELLE,	Monsieur Dangeville-C.
PIEROT,	Monsieur Marcelle.

PLAISIRS.

Messieurs Germain, Dumoulin-L., Dangeville-L. & Dumoulin le jeune.

SUIVANTES D'EUTERPE.

Mesdemoiselles Dangeville, Bassecour, Morancour, & Lecomte.

PROLOGUE.

Le Théatre représente le Palais, & les Jardins de MOMUS.
Les Comediens Italiens y paroissent en Statuës.

MOMUS, & sa Suite.

MOMUS.

Ous qui sous de libres portraits
Faisiez voir des Humains les foiblesses
    extrêmes,
Et qui par d'agreables traits
Les forciez à rire d'eux-mêmes,
Vous avez abusé des droits
Qu'on laissoit prendre à vôtre badinage,
    Et bien-tôt d'équitables loix
De vos sens indiscrets vous ravirent l'usage.
Pour quelque temps je vais vous ranimer;
    Qu'à rire avec vous tout s'aprête :
Mais songez dans les jeux que vous allez former
    Que Momus préside à la feste.

PROLOGUE.

Les Statuës s'animent, & forment le premier Divertissement. On entend une Symphonie qui annonce EUTERPE.

MOMUS.

Quelle clarté se répand dans les airs?
Quels sons harmonieux icy se font entendre?
Que nous annoncent ces concerts?
Euterpe en ces lieux va descendre.

CHOEUR.

Descendez, descendez, favorable Déesse,
Que vos accords vainqueurs
Fassent naître icy la tendresse;
Venez enchanter tous les cœurs.

EUTERPE.

C'est toy, Momus, que j'implore en ce jour,
Viens à mes chãts flateurs prêter de nouveaux charmes;
Ils ont fait mille fois verser de douces larmes;
Mais je veux que les Ris me suivent à leur tour.

Pour plaire au Fils d'un Roy que Momus même admire,
J'ay medité de nouveaux Jeux;
J'en espere un succés heureux,
Si tu veux seconder le zele qui m'inspire.

PROLOGUE.
MOMUS.

Ce deſſein eſt trop beau pour le deſavoüer,
Offrons à ce Heros une Fête nouvelle,
Tout me paroît aiſé pour luy marquer mon Zele,
Et j'apprendrois même à loüer.

EUTERPE.

Eſſayez icy tous vos charmes,
Venez doux Plaiſirs, venez tous :
Que dans ces lieux l'Amour vienne rire avec vous ;
Donnez-luy de nouvelles armes.

ENSEMBLE.

Amour, que tous les cœurs ſoient contents ſous ta loy,
N'allume que d'heureuſes flâmes ;
Regne, mais avec toy,
Fay regner la paix dans les ames.

Les Jeux, les Plaiſirs & les Suivantes d'EUTERPE
forment le ſecond Divertiſſement.

UN PLAISIR.

Jeunes Beautez, aimez qui vous adore,
Ne craignez point de vous laiſſer charmer,
Que de plaiſirs un Inſenſible ignore !
C'eſt l'Amour ſeul qui peut nous animer.
Avant d'aimer on ne vit pas encore,
On ne vit plus, dés qu'on ceſſe d'aimer.

PROLOGUE.

CHŒUR.

Chantons tous, unissons nos voix,
Chantons les doux plaisirs dont nous suivons les loix.

FIN DU PROLOGUE.

ACTEURS

ACTEURS
DE LA COMEDIE-BALLET.

LEONORE,   Mademoiselle Desmâtins.
OCTAVE,   Monsieur Chopelet.
ISABELLE, *Amante d'Octave*,   Melle Maupin.
SPINETTE, *Suivante d'Isabelle*,   Melle Vincent.
ISMENIDE, *Devineresse*,   Mademoiselle du Peyré.
ISMENOR, *Devin*,   Monsieur Hardoüin.
ZERBIN, *Valet d'Octave*,   Monsieur Dun.
UN BARQUAROLLE.   Monsieur Boutelou-Fils.
UNE BARQUAROLLE, Mademoiselle Loignon.
TROUPE de Barquarolles.
TROUPE de Devins, & de Devineresses.
TROUPE de Masques.
UN MASQUE, *chantant un Air Italien*. M^r. Cochereau.

La Scene est à Venise.

DIVERTISSEMENTS
de la Comedie-Ballet.

PREMIER ACTE.
FESTE MARINE.

Monsieur Balon, Chef de la Fête.

BARQUAROLLES.
Messieurs Blondy, Ferrand, Dangeville-L.,
& Dangeville-C.

Mesdemoiselles Provost, Bassecour, Saligny, & Lecomte.

BARQUAROLLES jouant du Tambour de Basque.
Messieurs Dumirail, Javilier, & Marcelle.

SECOND ACTE.
SORCIERS.
Messieurs Dumoulin-C., & Dumoulin le Jeune.

VIEUX SORCIERS.
Messieurs Germain, & Dumoulin-L.

VIEILLES SORCIERES.
Messieurs Dangeville-L., & Dangeville-C.

TROISIE'ME ACTE.
BAL.

François,	Mr Dumoulin-L.	*Françaife*,	Melle Dangeville.
Espagnol,	Mr Dumoulin-le-J.	*Espagnollette*,	Melle Morancour.
Arlequin,	Mr Dumoulin-C.	*Arlequinne*,	Melle Provost.
Spesaffere,	Mr Dumirail.	*Scaramouchette*,	Melle Caré.
Boësmien,	Mr Dangeville-L.	*Boësmienne*,	Melle Lecomte.
Polichinelle,	Mr Dangeville-C.	*Une Allemande*,	Melle Saligny.

LA VENITIENNE,
COMEDIE-BALLET.

ACTE PREMIER.

Le Theatre represente des Jardins, & dans l'éloignement la Place Saint Marc.

SCENE PREMIERE.
LEONORE,

Tendres Plaisirs, charmants Amours,
Ah! que n'ay-je plûtôt senti vôtre puissance!
Deviez-vous dans l'indifference
Laisser couler mes plus beaux jours?

Du moins gardons-nous bien d'éteindre
Les feux que dans mon cœur l'Amour daigne allumer:
Au lieu de m'en laisser charmer,
Falloit-il perdre, helas! tant de temps à les craindre?

Tendres Plaisirs, charmants Amours,
Ah! que n'ay-je plûtôt senti vôtre puissance!
Deviez-vous dans l'indifference
Laisser couler mes plus beaux jours?

B ij

SCENE DEUXIÉME.

LEONORE, ISABELLE, SPINETTE.

ISABELLE.

Quoy ! vous me trahissez, ingrate Leonore,
De la tendre amitié vous brisez tous les nœuds ?
L'Amant qui m'aimoit vous adore,
Et vôtre cœur reçoit ses infideles vœux ?

LEONORE.

L'Amitié n'a point à se plaindre,
Vôtre Amant sous mes loix ne sçauroit estre heureux,
Et vous verrez bien-tôt mourir ses nouveaux feux,
Si le mépris peut les éteindre.

ISABELLE.

Quoy ! les Jeux que l'Ingrat vous offre chaque jour....

LEONORE.

Quand il me les offrit, j'ignorois son amour.

ISABELLE.

Mais vous n'en doutez plus, & les souffrez encore :
La feste qu'il vous donne aujourd'huy marque bien...

LEONORE.

Cessez d'accuser Leonore.
Pour calmer vôtre cœur, connoissez tout le mien.

C'est dans les premiers Jeux que me fit voir Octave,
  Que la paix sortit de mon cœur;
  De l'Amour il devint l'Esclave,
  Un Inconnu fut mon Vainqueur.

  Ses yeux furent les seules armes
Dont l'Amour se servit pour domter ma fierté;
D'un seul de ses regards mon cœur fut enchanté,
Le masque me cacha le reste de ses charmes.

Il me parle à ces Jeux que vous me reprochez,
Le Bal même aujourd'huy me promet sa présence,
  Et je me livre à l'esperance
D'y voir enfin ses traits, qu'il m'a toûjours cachez.

ISABELLE.

C'est assez, mon Amant n'a point touché vôtre ame,
  Mes soupçons ne m'agitent plus.

LEONORE.

Je vais encor par de nouveaux refus,
Servir vôtre amour, & ma flâme.

SCENE TROISIE'ME.

ISABELLE, SPINETTE.

SPINETTE.

L'Amour répond à ses soûhaits,
Son bonheur est extréme.

ISABELLE.

Juge si ses plaisirs peuvent estre parfaits,
Je suis cet Inconnu qu'elle aime.

SPINETTE.

Que dites-vous?

ISABELLE.

Lorsque de mon Amant
Je vis l'inconstance fatale,
Je le suivis partout, sous un déguisement
Qui m'a livré le cœur de ma Rivale.
L'Ingrat trouve en moy-même un obstacle à ses vœux.

SPINETTE.

Sa trahison pour vous en est moins rigoureuse.

ISABELLE.

L'Infidelle n'est point heureux ;
Mais en suis-je moins malheureuse ?

Non, l'Amour ne veut pas que l'on goûte à la fois
 Les doux plaisirs d'aimer, & d'être aimée.
 Tant que ses feux ne m'ont point enflâmée
L'Inconstant que je pleure a flechy sous mes loix;
Mais l'Ingrat m'a trahie, aussi-tôt que charmée.
Non, l'Amour ne veut pas que l'on goûte à la fois
 Les doux plaisirs d'aimer, & d'être aimée.

 Redoublons cependant nos soins,
Pour ramener l'Ingrat sous mon Empire:
Qu'icy de tous ses pas tes yeux soient les témoins;
 Observe tout pour m'en instruire.

SCENE QUATRIEME.
SPINETTE.

DE mille Amants en vain nous recevons les vœux,
On les perd sans retour en terminant leurs peines,
 Les Perfides brisent leurs nœuds
 Dés qu'ils ont formé nôtre chaîne.

On ne soûpire long-temps
Que pour des Beautez cruelles:
Les peines font les cœurs constants
Les plaisirs font les Infidelles.

Cachons-nous, observons Octave que j'entends.

LA VENITIENNE,

SCENE CINQUIEME.

OCTAVE, LEONORE, SPINETTE cachée.

ENSEMBLE.

OCTAVE. *Non, ne redoutez plus l'Amour.*
LEONORE. *Non, ne me parlez plus d'Amour.*

OCTAVE.
Vôtre fierté s'accroît sans cesse.
LEONORE.
Vos transports importuns redoublent chaque jour.
OCTAVE.
A vôtre tour cedez à la tendresse.
LEONORE.
Triomphez-en à vôtre tour.

ENSEMBLE.
OCTAVE. *Non, ne redoutez plus l'Amour.*
LEONORE. *Non, ne me parlez plus d'Amour.*

LEONORE.
Pourriez-vous oublier les charmes d'Isabelle ?
OCTAVE.
Je vous voy mille attraits plus brillants & plus doux.
LEONORE.
Vous devez n'aimer qu'elle.
OCTAVE.
Je ne puis aimer que vous.

LEONORE.

COMEDIE-BALLET.

LEONORE.
Aprés mille serments, seriez-vous infidelle ?
OCTAVE.
Le jour que je vous vis, je les oubliay tous.
LEONORE.
Vous me verrez toûjours insensible & cruelle.
OCTAVE.
Je vous aimeray même avec votre courroux.
LEONORE.
J'éteindray vos ardeurs, par mon indifference.
OCTAVE.
Je vaincray vos mépris par ma perseverance.
LEONORE.
Cessez de m'aimer dés ce jour.
OCTAVE.
Commencez d'aimer dés ce jour.
Non, ne redoutez plus l'Amour.
LEONORE.
Non, ne me parlez plus d'Amour.

ENSEMBLE.
Octave.   Non, ne redoutez plus l'Amour.
Leonore.   Non, ne me parlez plus d'Amour.

On entend une Symphonie,

LEONORE.
D'où viennent ces Concerts, quel Spectacle s'apprête ?
Vous voulez perdre encor quelque nouvelle tete.

LA VENITIENNE,

SCENE SIXIEME.
OCTAVE, ISABELLE, SPINETTE cachée.
Troupe de BARQUAROLLES,
ZERBIN, conduisant la Fête.

ZERBIN.

Que pour Cythere
Chacun vienne s'embarquer;
Pour être heureux il faut risquer.
Quand on sçait plaire
Jamais le vent n'est contraire,
Jeunes Cœurs, venez tous,
Il n'est point d'écüeils pour vous.

Les BARQUAROLLES forment le Divertissement.

Un BARQUAROLLE, & une BARQUAROLLE.

L'Amour nous presse,
Suivons-le sans cesse,
Tout doit s'enflâmer.

CHOEUR.

L'Amour nous presse,
Suivons-le sans cesse,
Tout doit s'enflâmer.

LA BARQUAROLLE.

Ton feu trop tendre
Me force à me rendre,
Je m'en sens charmer.

COMEDIE-BALLET.

LE BARQUAROLLE.
Tes yeux l'ont fait naître ;
Ils le font accroître.

ENSEMBLE.
Un cœur peut-il être
Heureux sans aimer ?

CHOEUR.
L'Amour nous presse,
Suivons-le sans cesse,
Tout doit s'enflâmer.

LE BARQUAROLLE.
Qu'en vain le vent gronde,
Qu'il souleve l'Onde.

ENSEMBLE.
Pourquoy s'allarmer ?

LA BARQUAROLLE.
Amour, tu nous meines.

LE BARQUAROLLE.
Nos craintes sont vaines.

ENSEMBLE.
Tu sçais les calmer.

CHOEUR.
L'Amour nous presse,
Suivons-le sans cesse,
Tout doit s'enflâmer.

On danse.

LE BARQUAROLLE, & LA BARQUAROLLE,
à LEONORE.

*Au plus aimable voyage
L'Amour veut vous engager;
Ce Dieu commande à l'orage,
Vous voguerez sans danger.*

*Il est cent douceurs qu'on goûte
Dans l'espoir d'un plus doux sort;
Et les plaisirs de la route
Valent presque ceux du Port.*

On danse.

CHOEUR.

*Donnez-nous des jours fortunez,
Regnez tendres Zephirs, regnez seuls sur les Ondes;
Que dans leurs cavernes profondes
Tous les Vents orageux demeurent enchaînez.*

SCENE SEPTIÈME.
OCTAVE, LEONORE, ZERBIN,
SPINETTE cachée.

OCTAVE.

Quoy! toûjours de l'*Amour*, voulez-vous vous
   défendre?
Vous voyez tous les cœurs charmez de ses appas.
   Tout vous presse de vous rendre.

LEONORE.

  Mon cœur ne m'en presse pas.
Ne tentez plus de nouvelles conquestes,
Rendez-vous à l'Objet dont vous fûtes épris:
Je ne puis vous donner que ce sincere avis,
   Pour le prix de toutes vos festes.

SCENE HUITIEME.
OCTAVE, ZERBIN, SPINETTE cachée.
OCTAVE.

L'Ingrate !
ZERBIN.
En vain pour vous j'ordonne mille jeux,
Nous perdons tous nos soins.
OCTAVE.
Quel mépris rigoureux!
Suy-moy Zerbin, je veux consulter Ismenide,
Elle habite prés de ces lieux ;
On dit que l'Avenir est sans voile à ses yeux,
Sur le sort de ma flâme, il faut qu'elle décide.
Vien.

SCENE NEUVIEME.
SPINETTE.

Allons reveler le dessein du Perfide,
Qu'il ne trouve de paix que dans ses premiers nœuds.

Amour, puni les Cœurs volages,
Fay refuser tous leurs hommages,
Et qu'ils ne soient jamais contents.
On verroit plus d'Amants fidelles,
Si tous les Amants inconstants
Ne rencontroient que des Cruelles.

FIN DU PREMIER ACTE.

ACTE SECOND.
Le Theatre représente une Cave.

SCENE PREMIERE.
OCTAVE déguisé en Valet,
ZERBIN déguisé en Noble Venitien.

OCTAVE.

Es pas sont incertains, qui te fait chanceler?

ZERBIN.

Puis-je entrer icy sans trembler?
Pour braver les perils, où vôtre amour m'engage,
J'ay voulu de Bachus emprunter le secours:
   Dans sa liqueur j'ay cherché du courage,
   Mais je sens bien que j'en manque toûjours.

OCTAVE.

C'est m'offenser que de rien craindre,
Raſſure-toy, Zerbin, & ſonge à te contraindre;
Il faut de nos Devins eſſayer le pouvoir,
De ton déguiſement ſoûtien bien l'apparence,
Par là nous allons bien-tôt voir
Ce que je dois fonder d'eſpoir ſur leur puiſſance.
Je vais les avertir. Demeure.

ZERBIN.

Quoy! ſans vous?
Je ne puis.

OCTAVE.

Obey, ſi tu crains mon courroux.

SCENE DEUXIE'ME.
ZERBIN.

Ciel ! il me laisse, il m'abandonne ;
Que je vais payer cher ses nouvelles amours !
Où suis-je, Malheureux ! je tremble, je frissonne.
Quoy ! Bachus, ay-je en vain imploré ton secours ?
Ne sçaurois-tu bannir le trouble qui m'étonne ?
Quels funestes Objets s'offrent à mes regards ?
Je croy voir s'élever mille Spectres terribles ;
Des monstres sous mes pas naissent de toutes parts.
Quel bruit affreux, quels cris ! quels heurlements
  horribles !
    Fuyons ; mais par où m'échaper ?
La frayeur pour sortir me cache le passage.
Ciel ! quelle main m'arrête, & quelle affreuse image !
Quel Geant furieux est prest à me fraper ?

Lâche, tu ne vois rien, rougi de tes allarmes.
Bachus, vien dissiper les erreurs de mes sens ;
Ne m'as-tu donc prêté que d'impuissantes armes ?
Ah ! je te reconnois au calme que je sens.

Livrons-nous au sommeil, où ce Dieu nous convie,
Enchantons mes frayeurs sous ses charmants pavots.
Que le sort des Mortels est peu digne d'envie !
    Les plus doux plaisirs de la vie,
    Sont de n'en point sentir les maux.

SCENE TROISIÉME.

ISABELLE, ZERBIN endormy.

ISABELLE.

J'Ay sçû que mon Amant doit se rendre en ces lieux,
    Mon dépit m'engage à l'y suivre ;
Je brûle de punir son amour odieux :
Mais que voy-je ! c'est luy que le Sommeil me livre.

Tu peux dormir, Ingrat, & tu trahis mes feux !
Le repos entre-t'il dans le cœur d'un Perfide !
Ah ! vangeons-nous, vangeons le mépris de nos vœux ;
L'Amour gemit en vain, la colere décide.

Regnez, Haine ; Fureur, triomphez aujourd'huy.
Non, non, ne souffrez pas que mon cœur s'attendrisse ;
L'Ingrat ne m'aime plus ; qu'il meure, qu'il périsse,
Et si je l'aime encor, périssons aprés luy.
Regnez Haine ; Fureur, triomphez aujourd'huy.

Elle va pour luy ôter son Poignard, & l'en frapper.

ZERBIN se réveillant.

Ah !

ISABELLE.

Quelle est cette voix !

ZERBIN.

                O disgrace nouvelle !
Que voy-je ! que croyray-je ! estes-vous Isabelle ?
Ou ne seriez-vous point plûtôt quelque Démon,
    Qui sous les traits de cette Belle,
Vient effrayer mes sens, & troubler ma raison.

ISABELLE.
Qu'entens-je ? ce n'est point Octave.
Sous ce déguisement, qui te peut amener ?
Parle.

ZERBIN.
L'Amour dont mon Maître est l'Esclave,
Est l'unique raison que j'aye à vous donner.
Mais, Ciel ! est-ce bien vous ? ma frayeur se redouble.
Vous me voyez tout interdit :
Ah ! si vous estes un Esprit,
Disparoissez de grace, & dissipez mon trouble.

ISABELLE luy touchant l'épaule.
Tout Esprit que je suis, n'en conçoy point de peur.

ZERBIN, fuyant.
Je suis mort.

ISABELLE.
Je ne veux que punir un Perfide.
Que fait ton Maître ?

ZERBIN.
Helas ! il consulte Ismenide,
Pour apprendre le sort de sa nouvelle ardeur.

ISABELLE.
Ciel !

ZERBIN tremblant.
De son changement l'injustice est extrême ;
J'ay cent fois condamné ses volages amours,
Je luy vante Isabelle, & je la sers toûjours,
Comme si c'étoit pour moy-même.

ISABELLE.
On vient. Je veux les écouter,
Leur discours m'apprendra ce que je dois tenter.

SCENE QUATRIE'ME.

OCTAVE, ISMENIDE Devineresse, ISMENOR Devin, ZERBIN.
Troupes de Devins, & de Devineresses, ISABELLE les observant sans être vûë.

OCTAVE.

Vous pour qui l'avenir n'a rien d'impénétrable,
Qui des plus sombres cœurs percez tous les détours,
Vous sçavez qui de nous cherche vôtre secours ;
Sur l'ennuy secret qui l'accable,
Prononcez-luy du Sort l'arrest irrevocable.

ISMENIDE.

Vous croyez me surprendre, en me cachant vos vœux.

OCTAVE.

Vôtre Art découvre tout, c'est à nous de nous taire.

ISMENIDE à part.

N'importe, malgré leur mistere,
En les intimidant, tâchons à juger d'eux.

Elle observe leurs mouvements.

Les Démons à ma voix vont paroître en ces lieux,
Pourrez-vous soûtenir leur terrible présence ?

COMEDIE-BALLET.

OCTAVE.
Parlez, je ne crains rien.

ZERBIN.
Moy, je crains tout, ô Dieux !

OCTAVE.
Préfentez, s'il le faut, tout l'Enfer à nos yeux,
Et répondez à fon impatience.

ISMENIDE.
Je pénétre au fond de vos cœurs.
En vain vous vous cachez fous ces dehors trompeurs ;
Je ne fçaurois vous méconnoître.

à OCTAVE.

Vous me cherchez vous feul, & vous êtes fon Maître.

OCTAVE.
Vous fçavez quel deffein en ce lieu me conduit ?

ISMENIDE *embarraffée.*
Souvent.... l'Amour...

ZERBIN.
Ciel ! quel Démon l'inftruit !

ISMENIDE.
L'Amour vous fait fentir fes plus rudes atteintes.

ZERBIN.
Chaque mot redouble mes craintes.

LA VENITIENNE,

OCTAVE.
Aprenez-moy quel sort il reserve à mes feux.
ISMENIDE.
Laissez-nous célébrer nos misteres affreux.

O vous, qui vivez sous mes Loix,
De mes enchantements Ministres redoutables,
Faites tout retentir de vos cris effroyables,
Contraignez le destin de répondre à ma voix.
CHOEUR.
Que tout tremble, que tout frémisse,
Que de nos voix tout retentisse.

Les Devins font leurs Ceremonies magiques.

ISMENIDE.
Noir Souverain des ténébreux abimes,
Du Destin à nos yeux dévoile les secrets :
Pour prix de tes biens-faits,
Puisse par tout la Mort t'immoler des victimes?
ISMENOR, & ISMENIDE.
Que la Guerre en cent lieux répande la terreur,
Que la Rage cruelle empoisonne ses armes,
Que les cris, le sang, & les larmes
Signalent par tout sa fureur.
CHOEUR.
Que la Guerre en cent lieux répande la terreur,
Que la Rage cruelle empoisonne ses armes.
Que les cris, le sang, & les larmes,
Signalent par tout sa fureur.

COMEDIE-BALLET.

ZERBIN.
Ne suis-je pas déja dans les sombres Royaumes:
J'ay beau fermer les yeux, je voy mille fantômes.

ISMENIDE.
Cette sombre lueur nuit encore à nos charmes.
Que ces flambeaux éteints laissent regner la nuit.

à OCTAVE.
Bien-tôt pour prix de vos allarmes
De vôtre sort vous allez être instruit.

On éteint la Lampe qui éclairoit la Cave.

ISABELLE.
Avançons, la clarté ne me fait plus d'obstacle,
Profitons de la nuit, & prononçons l'Oracle.

Tremble Octave, écoute ma voix.

ISMENIDE, & tous les autres Acteurs effrayez.
Ciel! ô Ciel! je frémis.

ISABELLE.
Gardez tous le silence.

ISMENIDE, & LE CHOEUR.
Quelle surprise! ô Dieux! quelle puissance
Vient icy nous donner des loix?

ISABELLE.
Obeïssez, ou craignez ma vengeance.

Perfide, romp tes nouveaux fers:
Si ce jour ne te voit sous les loix d'Isabelle,
Je tiens le fer levé sur ton cœur infidelle,
Cette nuit avec moy, je t'entraîne aux enfers.

LA VENITIENNE,
ISMENIDE, & LE CHOEUR.

Quelle horreur! quel prodige! ô Dieux!
Fuyons, fuyons de ces funestes lieux.

ISABELLE seule.

Toy qui m'as inspirée, acheve ton ouvrage,
Amour, c'est à toy seul de me rendre un Volage.

FIN DU SECOND ACTE.

ACTE

ACTE TROISIEME.
Le Theatre represente un Appartement, préparé pour le Bal.

SCENE PREMIERE.
LEONORE.

Uand je revoy l'Objet de mes amours,
Le temps s'enfuit d'une vîtesse extrême;
Mais helas! il suspend son cours,
Quand je ne voy plus ce que j'aime.
O Temps, servez mieux nos desirs,
Réparez de l'Amour les rigueurs inhumaines;
Arrêtez-vous, pour fixer ses plaisirs,
Volez, pour abreger ses peines.

E

SCENE DEUXIE'ME.
LEONORE, OCTAVE.

OCTAVE.

Vous rêviez seule en ce séjour ;
La solitude invite à l'amoureuse flâme ;
Ne craignez-vous point que l'Amour
Ne prenne ces moments pour surprendre vôtre ame ?

LEONORE.

Il me livre de vains combats,
Avec vôtre secours, c'est en vain qu'il me presse ;
Mon cœur brave tous ses appas,
Et je ne crains point qu'il me blesse.

OCTAVE.

Craignez, craignez qu'il ne vous blesse pas.
L'Amour seul peut nous satisfaire,
Sans luy rien ne peut nous charmer :
Le premier plaisir est d'aimer
Et le plus sensible est de plaire.

LEONORE.

L'Amour coûte trop de soupirs,
On se plaint, on languit dans ses plus douces chaînes,
Il n'est jamais sans desirs,
Et les desirs sont des peines.

OCTAVE.

Cessez, cessez de craindre, aimez à vôtre tour,
Les desirs des Amants sont plus doux qu'on ne pense ;
Les plaisirs de l'indifference
Ne valent pas les peines de l'amour

LEONORE.

Pourquoi donc en m'aimāt, vous plaignez-vo° sās ceſſe?
Vous étes trop heureux de ſouffrir ſous ma loy :
 Vous aimez, je fuy la tendreſſe,
 Vous ne devez plaindre que moy.

OCTAVE.

Vous inſultez, Cruelle, aux maux que vous me faites;
 N'importe, Ingratte que vous êtes,
Connoiſſez de l'Amour quel eſt tout le pouvoir.

 En vain vous m'outragez ſans ceſſe,
Je ſens que vos rigueurs irritent ma tendreſſe,
Je fais tout mon bonheur du plaiſir de vous voir;
 Je ne puis vaincre ma foibleſſe,
 Je ne puis même le vouloir.

ISABELLE maſquée, paroît avec une Troupe de Maſques.

LEONORE, à part.

L'Objet qui m'a charmé vient de fraper mes yeux,
Eloignons un moment ſon Rival de ces lieux.

         à OCTAVE.

Octave, allez vous-même avertir Iſabelle.

OCTAVE.

Eh! pourquoy voulez-vous qu'elle ſoit de ces jeux?

LEONORE.

 Allez, vous dis-je, je le veux.
 Et ne revenez pas ſans elle.

OCTAVE, à part.

 Quels ſoupçons viennent m'agiter!
Demeurons, & ſçachons s'y faut arreſter.

E ij

SCENE TROISIE'ME.

ISABELLE masquée, & déguisée en Venitien.
LEONORE, OCTAVE.

ISABELLE.

JE vous revois enfin, aimable Leonore,
Que de nouveaux attraits ! que mes yeux sont charmez !

LEONORE.

Helas ! vous m'assurez toûjours que vous m'aimez,
Et je n'ay pû vous voir encore.

ISABELLE.

Je perdrois vôtre cœur, pour contenter vos yeux ;
Vous m'en aimeriez moins, si vous me voyez mieux.

LEONORE.

Que dites-vous, Ingrat, ces injustes allarmes
Vous obligent à vous cacher ?

ISABELLE.

J'aurois en vain les plus aimables charmes,
Ils pourroient ne vous pas toucher.

C'est par ma seule ardeur que je prétends vous plaire.

LEONORE.

Vos refus ne font voir qu'une ardeur bien legere.

COMEDIE-BALLET.

ISABELLE.
Mon cœur brûle de mille feux,
La Constance & l'Amour y triomphent ensemble,
Non, dans tout l'Empire amoureux,
Vous ne trouverez point d'Amant qui me ressemble.

Mais si mon cœur est tendre, il n'est pas moins jaloux.
Je crains qu'Octave un jour ne vous flechisse ;
Il vous rend mille soins...

LEONORE.
Je les méprise tous.
ISABELLE.
N'importe son amour, m'est un cruel supplice.
Ah ! cachez à ses yeux les beautez que je voy ;
Eteignez son amour, pour bannir mes allarmes :
Moins il vous trouvera de charmes,
Et plus vous en aurez pour moy.

LEONORE.
N'estes vous pas le seul de qui l'ardeur m'enchante ?
Tout autre amour m'est odieux.
Je voudrois estre encor mille fois plus charmante ;
Mais je voudrois ne l'estre qu'à vos yeux.

ENSEMBLE.
Suivons l'Amour qui nous appelle ;
Qu'il enchaîne nos cœurs de ses nœuds les plus beaux.
Que nôtre ardeur soit éternelle,
Et nos plaisirs toûjours nouveaux.

LA VENITIENNE,
OCTAVE.

Ah! c'en est trop, je cede à cette offense.

à LEONORE.

Inhumaine, quel prix reçoy-je de mes vœux?
C'est donc la cette indifference
Que vous opposiez à mes feux.
Malheureux, quelle erreur avoit seduit mon ame?
Je pressois vôtre cœur de se laisser charmer,
Tandis que le Cruel qui dédaignoit ma flâme,
Ne sçavoit que trop bien aimer.

LEONORE.
Vous voyez une ardeur que je voulois vous taire,
La raison doit vous dégager.

OCTAVE.
Ah! l'Amour dans mon cœur fait place à la colere;
Je ne vous perdray pas du moins, sans m'en venger.

ISABELLE.
Calmez la fureur qui vous guide;
Peut-estre qu'Isabelle est cachée en ces lieux.
Ne rougiriez-vous point de montrer à ses yeux
Ce desespoir perfide?

OCTAVE.
Quoy! mon Rival ose encor m'insulter?

ISABELLE.
Crain que je n'ose davantage.

OCTAVE.
O Ciel!

LEONORE, *à* ISABELLE.
Cessez de l'iriter.

ISABELLE.
Non, ses feux me font trop d'outrage.

COMEDIE-BALLET.

OCTAVE, & ISABELLE.

Tremble, crain l'Amour en courroux,
Tremble, crain ma jalouse rage.

LEONORE.

Cruels! à quels transports vous abandonnez-vous?

OCTAVE.

Ingrate, c'est luy seul qui cause vos allarmes;
C'est pour luy que coulent ces larmes.
Ah! vangeons-nous, brisons un funeste lien;
De son sang odieux voyez rougir mes armes,
Et pleurez son trépas, ou joüissez du mien.

ISABELLE ôtant son masque d'une main,
& de l'autre tirant son Poignard.

Connoy-moy donc, Perfide, & frape si tu l'oses.

LEONORE, ET OCTAVE.

Que voy-je!

LEONORE.

Amour, à quels maux tu m'exposes?

Elle sort.

SCENE QUATRIEME.

OCTAVE, ISABELLE.

ISABELLE.

Qui te retient, Ingrat, suy ton ressentiment,
Sois mon vainqueur, ou ma victime;
Que l'un de nous périsse en ce moment;
Perfide, vien combler ton crime,
Ou recevoir ton châtiment.

OCTAVE.

Je ne puis revenir de mon étonnement.

ISABELLE.

J'ay touché l'Objet qui t'enchante,
Sous ce deguisement, j'ay traversé tes vœux;
Mais je sens malgré moy ma colere mourante;
Cesse de m'offenser, repren tes premiers nœuds,
Ne vois en moy qu'une fidelle Amante;
N'y vois plus de Rival heureux.
Laisse-toy vaincre à ma constance,
Laisse à mes tendres feux rallumer ton ardeur:
Mes larmes, mes soûpirs sont toute ma vengeance;
Voy l'Amour dans mes yeux redemander ton cœur.

Qu'au

COMEDIE-BALLET.

Qu'au moins la pitié t'attendriffe ;
Mais helas ! ton mépris comble encore mes malheurs !
Quoy ! se peut-il que rien ne te flechiffe ?
Tu me plains un regard.

OCTAVE.

Je vous cache mes pleurs.

Tant d'amour touche enfin mon ame ;
Plus charmé que jamais, je tombe à vos genoux :
Accordez le pardon d'une infidelle flâme
A celle que mon cœur sent renaître pour vous.

ISABELLE.

Cher Octave !

OCTAVE.

Isabelle !

ENSEMBLE.

Helas !
Puis-je esperer que vous m'aimiez encore ?

ISABELLE.

Cher Octave !

OCTAVE.

Isabelle !

ENSEMBLE.

Helas !
Tout vous dit que je vous adore.

LA VENITIENNE,
ISABELLE.

Mes larmes,

OCTAVE.

Mes regrets,

ISABELLE.

Mes soûpirs,

OCTAVE.

Vos appas,

ENSEMBLE.

Tout vous dit, que je vous adore.

OCTAVE.

J'ay sçû que dans cet Antre où m'a conduit ma flâme,
Votre voix m'a tantôt rappellé sous vos loix ;
Ce qu'a commencé vôtre voix,
Vos yeux l'achevent dans mon ame.

ISABELLE.

On vient. Que cette Feste aura d'attraits pour moy !
Je luy dois le bonheur de vous voir sous ma loy.

SCENE CINQUIE'ME.
OCTAVE, ISABELLE, ZERBIN,
SPINETTE, Troupe de Masques.
CHOEUR.

Loin de nos jeux, importune Sagesse,
Ne troublez point un si beau jour ;
Accourez, aimable Jeunesse,
Amenez les Ris, & l'Amour.

On danse.

COMEDIE-BALLET.

ISABELLE.

D'un Infidelle enfin, j'ay rallumé la flâme,
Et jamais le bonheur de regner dans son ame
    N'avoit tant flaté mes desirs.
Amour, s'il eût esté plus constant dans mes chaînes,
J'ignorerois encore tes plus cruelles peines;
Mais mon cœur n'auroit pas goûté tous tes plaisirs.

SPINETTE, & ZERBIN.

    Nôtre jeunesse
    S'enfuit sans cesse,
N'en perdons pas les précieux Instants;
    N'aimons que pour rire,
    Point de martire,
Dans nos liens, soyons toûjours contents.
Des traits de l'Amour ne craignons point l'atteinte;
    Mais qu'il nous les laisse choisir.
    Fuyons la contrainte,
    La jalouse crainte,
Un cœur doit n'aimer que pour son plaisir.

AIR ITALIEN.

Farfalletta senza core,
Vò girando intorno'allume,
Per amor che m'infiammo.

E d'Amor col dolce'ardore,
Col m'accete il mio bel Nume,
Che la pace m'involo.

Da capo.

FIN DU TROISIE´ME ET DERNIER ACTE.

PRIVILEGE GENERAL.

LOUIS PAR LA GRACE DE DIEU, ROY DE FRANCE ET DE NAVARRE, à nos amez & feaux Conseillers, les Gens tenant nos Cours de Parlement, Maîtres des Requêtes ordinaires de nôtre Hôtel, Grand Conseil, Prévôt de Paris, Baillifs, Senéchaux, leurs Lieutenants Civils, & à tous autres nos Justiciers qu'il appartiendra; SALUT: Nôtre bien amé le Sieur JEAN NICOLAS DE FRANCINI, l'un de nos Conseillers, Maître d'Hôtel ordinaire, interessé conjointement avec le Sieur HYACINTHE DE GAUREAULT Sieur DE DUMONT, l'un de nos Ecuyers ordinaires, & de nôtre tres-cher & bien amé Fils le Dauphin, au Privilege que nous leur avons accordé, pour l'Academie Royale de Musique, par nos Lettres Patentes du 30. Decembre 1698. Nous ayant fait remontrer qu'il desiroit donner au Public un RECUEIL GENERAL DES OPERA, REPRESENTEZ PAR L'ACADEMIE ROYALE DE MUSIQUE, DEPUIS SON ETABLISSEMENT, ET QUI SERONT REPRESENTEZ CY-APRE'S, s'il nous plaisoit luy accorder nos Lettres de Privilege sur ce necessaires, attendu les grandes dépenses qu'il convient faire, tant pour l'Impression que pour la Gravure en Taille-douce des Planches dont ce Livre sera orné. Nous avons permis & permettons par ces presentes au dit Sr DE FRANCINI, de faire imprimer ledit RECUEIL par tel Imprimeur, & en telle forme, marge, caractere que bon luy semblera, en un ou plusieurs Volumes, conjointement ou separément, & de le faire vendre & distribuer dans tout nôtre Royaume, pendant le temps de six années consecutives, à compter du jour de la datte des présentes. FAISONS D'EFENSES à tous Imprimeurs, Libraires, & à tous autres de quelque qualité & condition qu'ils puissent être, de contrefaire ledit RECUEIL en tout, ni en partie; ni même les Planches & Figures qui l'accompagnent, & d'en faire venir ni vendre d'impression étrangere, sans le consentement par écrit de l'Exposant, ou de ceux à qui il aura transporté son Droit, à peine de trois mille livres d'amende contre chacun des contrevenants; dont un tiers à l'Hôtel-Dieu de Paris, un tiers à l'Exposant, & l'autre au Dénonciateur, de confiscation des Exemplaires contrefaits, que nous voulons être saisies par tout où ils se trouveront, & de tous dépens, dommages & interêts: à la charge que ces présentes seront registrées és Registres de la Communauté des Imprimeurs & Libraires de Paris, que l'impression desdits Opera, sera faite dans nôtre Royaume, & non ailleurs, & ce en bon Papier & en beau Caractere conformement aux Reglements de la Librairie, & qu'avant que de l'exposer en vente, il en sera mis deux Exemplaires dans nôtre Bibliotheque publique, un dans le Cabinet des Livres de nôtre Château du Louvre, & un dans celle de nôtre tres-cher & feal Chevalier Chancellier de France le Sieur Phelypeaux, Comte de Pontchartrain, Commandeur de nos Ordres; le tout à peine de nullité des présentes: du contenu desquelles, nous vous mandons & enjoignons de faire joüir l'Exposant, ou ses ayants cause pleinement & paisiblement, sans souffrir qu'il leur soit fait aucun trouble ou empéchement. VOULONS que la copie de ces présentes, qui sera imprimée, dans ledit Livre, soit tenuë pour bien & duëment signifiée, & qu'aux copes collationnées, par l'un de nos amez & feaux Conseillers-Secretaires, foy soit ajoûtée comme à l'Original. COMMANDONS au premier nôtre Huissier ou Sergent sur ce requis, de faire pour l'exécution des présentes, tous Actes requis & necessaires, sans demander autre permission, nonobstant Clameur de Haro, Charte Normande, & Lettres à ce contraires: CAR tel est nôtre plaisir. Donné à Versailles le dixiéme jour de Juin, l'An de grace 1703. Et de nôtre Regne, le soixante-uniéme. Par le ROY, en son Conseil. Signé, LE COMTE, avec Paraphe, & scellé.

Ledit Sieur DE FRANCINI a fourny le present Privilege à Christophe Ballard, seul Imprimeur du Roy pour la Musique, pour en joüir en son lieu & place, suivant leurs conventions.

Registré sur le Livre de la Communauté des Imprimeurs & Libraires, conformément aux Réglements, A Paris le 12 Juin 1703. Signé TRABOUILLET, Syndic.

www.ingramcontent.com/pod-product-compliance
Lightning Source LLC
Chambersburg PA
CBHW060503050426
42451CB00009B/793